EL CASTOR

POR KATE RIGGS

CREATIVE EDUCATION • CREATIVE PAPERBACKS

Publicado por Creative Education
y Creative Paperbacks
P.O. Box 227, Mankato, Minnesota 56002
Creative Education y Creative Paperbacks son marcas
editoriales de The Creative Company
www.thecreativecompany.us

Diseño de The Design Lab
Producción de Chelsey Luther and Rachel Klimpel
Editado de Alissa Thielges
Dirección de arte de Rita Marshall
Traducción de TRAVOD, www.travod.com

Fotografías de Alamy (Adam Welz, Imagebroker,
Newman Mark, Robert McGouey/Wildlife, Zoltan
Bagosi), Biosphoto (Fabian Bruggmann & Bruno Fouillat,
Tom & Pat Leeson/Ardea) Getty (Dorling Kindersley,
Sven Zacek), Stock (Musat), Minden Pictures (Ingo
Arndt, Jeff Foott) Shutterstock (Adwo, Geoffrey Kuchera,
Thyrymn2), Super Stock (Minden Pictures)

Library of Congress Cataloging-in-Publication Data
Names: Riggs, Kate, author.
Title: El castor / by Kate Riggs.
Description: Mankato, Minnesota: Creative Education and
Creative Paperbacks, [2023] | Series: Planeta animal
 | Includes index. | Audience: Ages 6–9 | Audience:
Grades 2–3
Identifiers: LCCN 2021061016 (print) | LCCN
2021061017 (ebook) | ISBN 9781640266674
(hardcover) | ISBN 9781682772232 (paperback) | ISBN
9781640008083 (ebook)
Subjects: LCSH: Beavers—Juvenile literature.
Classification: LCC QL737.R632 R54418 2023 (print)
 | LCC QL737.R632 (ebook) | DDC 599.37–dc23/
eng/20211223
LC record available at https://lccn.loc.gov/2021061016
LC ebook record available at https://lccn.loc.
gov/2021061017

Tabla de contenidos

Los castores son **roedores**. Existen dos tipos de castores. Uno vive en Norteamérica. El otro vive en Europa y Asia. Los castores viven en lugares boscosos cerca del agua.

roedores animales, como las ratas y los ratones, que tienen dientes frontales afilados, pelo o pelaje, y alimentan a sus bebés con leche

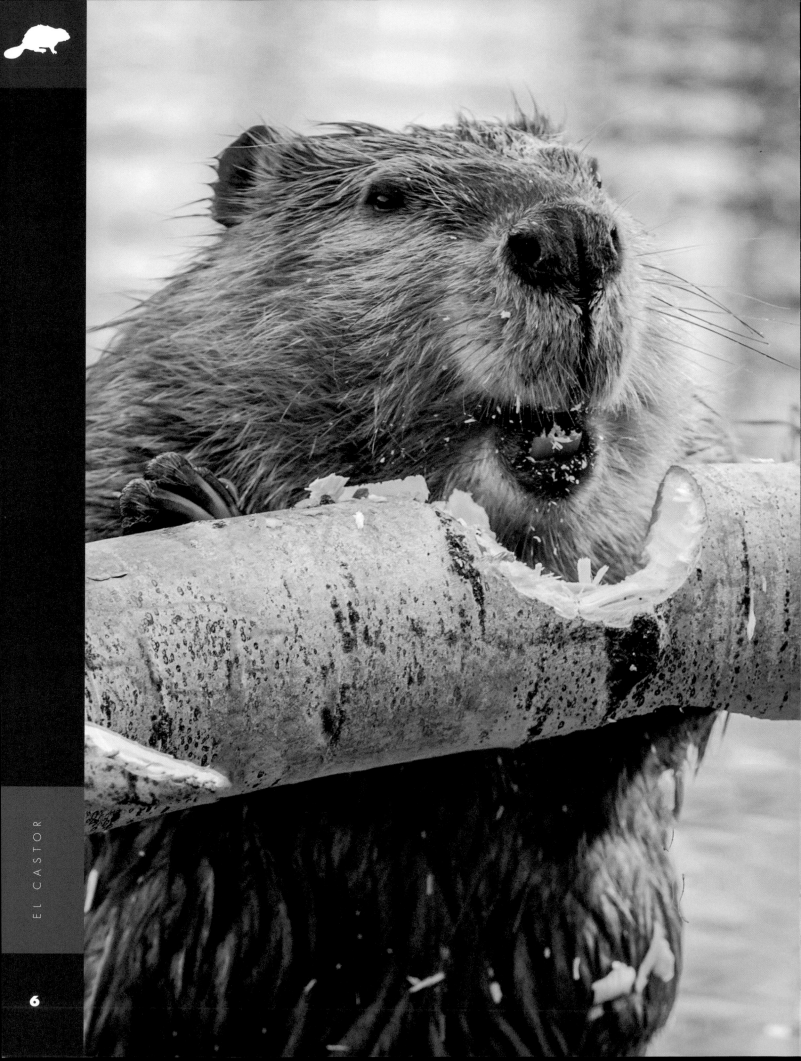

La cola de un castor es larga y plana. Sus dientes son fuertes y afilados. El castor usa sus dientes para romper ramas y árboles. Después, construye un dique para hacer un estanque.

A los castores les gusta masticar árboles de corteza blanda como, por ejemplo, el abedul.

Los castores pesan entre 30 y 70 libras (13,6–31,8 kg). El castor de Norteamérica es el segundo roedor más grande del mundo. El color de su pelaje puede ser desde café claro hasta negro.

Los castores americanos (arriba) son un poco más grandes que los castores eurasiáticos (página opuesta).

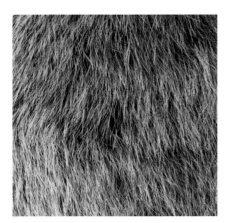

Los castores nadan mucho. Su pelaje tiene un aceite que lo vuelve impermeable. Sus dos patas traseras son palmeadas. Esto le ayuda al castor a moverse por el agua. Los castores pueden nadar a una velocidad de hasta cinco millas (8 km) por hora.

Los castores usan sus patas palmeadas como remos en el agua.

Los castores comen madera y plantas. Sujetan la comida con sus garras delanteras. Los castores comen el alimento y la corteza de cualquier tipo de árbol. También comen plantas herbáceas, como el tule cola de gato, que crecen en el agua.

El labio superior del castor eurasiático se divide en dos.

*Las crías del castor
se quedan cerca de
su madre.*

La mamá castor tiene una **camada** de entre cuatro y nueve **crías**. Las crías recién nacidas ya tienen pelaje y dientes frontales. Pueden nadar un día después de nacer. Beben la leche de su madre hasta los tres meses.

camada grupo de castores bebés nacidos al mismo tiempo

crías castores bebés

La entrada a la madriguera de un castor es por debajo del agua.

Las familias de castores viven juntas en grupos llamados colonias. Sus hogares son en **madrigueras**. Las crías de castor viven con sus familias durante dos años y medio. Después, empiezan una nueva colonia. Los castores pueden vivir más de 20 años.

madrigueras hogares escondidos en las riberas de los ríos

18

LOS castores trabajan en grupo para construir diques y hogares. Ambos están hechos de piedras, troncos y lodo. El madriguera se construye en el centro del estanque. El agua profunda mantiene a los castores a salvo de enemigos.

El lodo une a los troncos y las ramas.

La gente cazaba a los castores por su piel. Los castores casi desaparecieron. ¡Pero ahora hay millones de castores! A la gente le gusta observar a estos ocupados animales mientras trabajan.

Mientras el castor trabaja, su lengua mantiene el agua fuera de su boca.

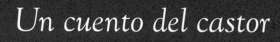

Un cuento del castor

En Florida tienen un cuento sobre por qué los castores baten sus colas. Hace mucho tiempo, los castores construían presas para la gente. Pero algunas personas se robaron a las crías para tenerlas de mascotas. Los castores se enojaron. Royeron los diques hasta romperlos. ¡Las tierras de la gente se inundaron! ¡Ahora, los castores golpean sus colas contra el agua cuando ven a algún humano!

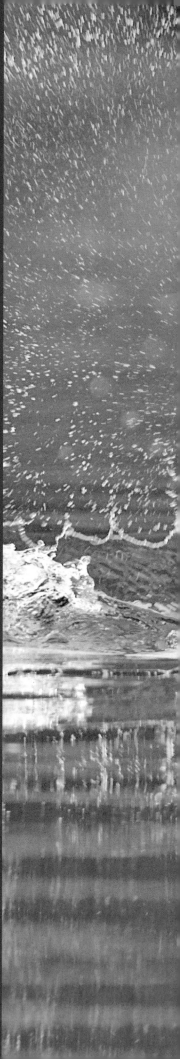

Índice